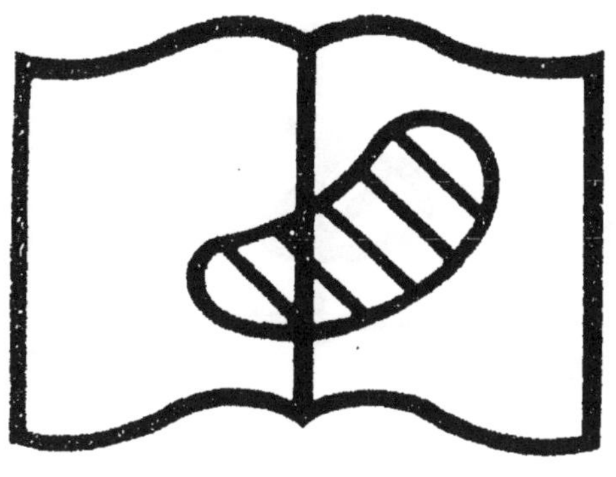

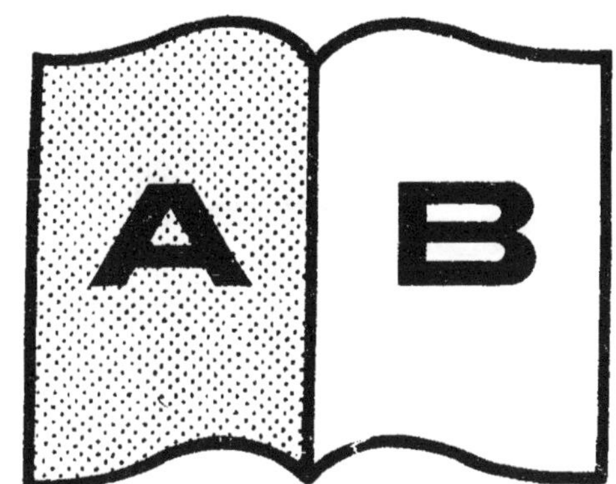
A
B

Original en couleur

NF Z 43-120-8

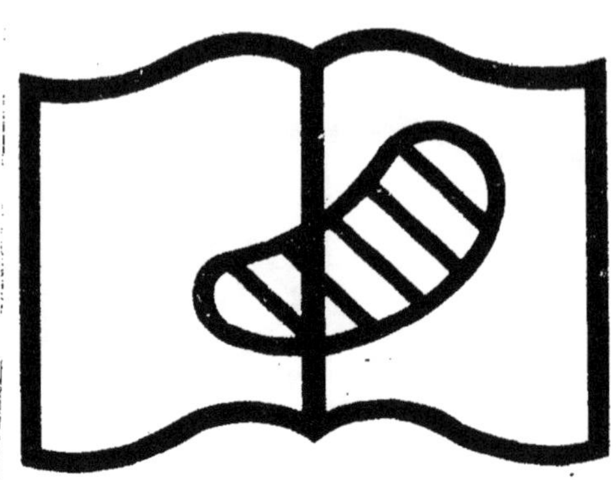

Original illisible

NF Z 43-120-10

à Monsieur Léopold Delisle, etc.,
Administrateur général de la Bibliothèque Nationale

Notes Historiques

SUR LA

VILLE DE ROMANS

par le

Dr ULYSSE CHEVALIER

VIENNE
F.-J. SAVIGNÉ, IMPRIMEUR-ÉDITEUR
1880

NOTES HISTORIQUES

sur

LA VILLE DE ROMANS

Extrait de la *Revue du Dauphiné et du Vivarais*
N° de Mars-Avril 1880.

J. M. Fugère sculp. — Savigne, Impr. à Vienne

VUE DE ROMANS

Notes Historiques

SUR LA

VILLE DE ROMANS

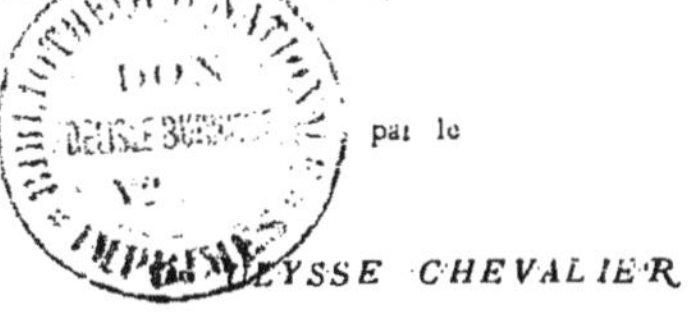

par le

ULYSSE CHEVALIER

VIENNE

E.-J. SAVIGNÉ, IMPRIMEUR-ÉDITEUR

1880

NOTES HISTORIQUES

sur

LA VILLE DE ROMANS

A ville de Romans est située en amphithéâtre, en forme de demi-cercle, sur le penchant d'une colline qui s'arrête sur la rive droite de l'Isère. La rivière forme la corde de cet arc sur une longueur d'environ 1,600 mètres.

Cette ville est aujourd'hui un simple chef-lieu de canton. Elle est le siége d'un tribunal de commerce, d'une justice de paix, d'une lieutenance de gendarmerie, d'un bureau de recrutement, etc. Avant la Révolution, avec une population moindre de moitié (6,000 âmes au lieu de 12,000), elle possédait une Election avec un tribunal, une judicature royale, une église collégiale, un gouverneur nommé par le roi, etc. Enfin, elle était, le plus ordinairement, le siége des Etats de la province.

L'époque de la fondation d'une ville est un point d'histoire toujours obscur et incertain, parce que ce fait ne se produit pas instantanément et ne donne pas lieu à un acte authentique comme la pose de la première pierre d'un monument ou la dédicace d'un temple.

La question de l'ancienneté plus ou moins grande de la ville de Romans a été longuement débattue, au siècle dernier, avec un grand luxe d'érudition entre les consuls et le chapitre de Saint-Barnard. Voici les preuves peu probantes alléguées par les premiers :

1° *Allobrox*, l'un des vingt-deux rois des Gaules (Borozo et Manéthon d'Egypte) eut un fils, Romus, qui fonda la ville de Romans et lui donna son nom, l'an du monde 2520, 1442 ans avant J.-C. (François Desrues, *Descriptions des villes de France*. 1608, p. 540).

2° D'après une médaille d'Auguste et de Livie, une colonie aurait été autorisée à s'établir à Romans : COL*onia* ROM*anensis* PER*missu* DIVI AVGVSTI. (Tristan de Saint-Amand. *Comment. hist.* t. I.)

3° Romans fut édifié au temps de Néron, suivant Charron. (*Hist. univers.* chap. 29, p. 135 et ch. 59, p. 479), et parachevée sous le règne d'Antonin le pieux, d'après le P. Thevet, (*Cosmographie*).

4° Chorier (*Recherches sur les antiq. de la ville de Vienne*, p. 38), rapporte l'épitaphe d'un nommé *Vettius Gemellus*, inhumé dans l'église de Saint-Sevère, en 510, qui était originaire de Romans (ROMANENS).

5° Dans la vie des saints, de Godescar, il est dit que saint Wandrille reçut l'hospitalité dans le monastère de Romans, (Monasterium Romanum) (1) où il demeura dix ans, vers le milieu du VIIe siècle.

6° Enfin, un statut de l'église de Vienne, de 790, sous l'épiscopat de Volfre, comprend Romans au nombre des quatre archiprêtrés du diocèse *(Altavensis id est de Romanis)* (2).

Nous délaisssons ces fables et ces témérités pour nous en tenir au texte du *cartulaire* et du bréviaire de Saint-Barnard où se trouvent, dans des proportions satisfaisantes, de la légende, de la tradition et de l'histoire.

De retour dans son diocèse, après plusieurs années d'exil, pour avoir concouru à la déposition de Louis le Débonnaire, Barnard, 49e archevêque de Vienne, fonda un monastère et construisit une église en l'honneur de tous les saints, sur la rive droite de l'Isère, dans un lieu désert qui lui fut donné par une riche veuve

(1) *Romanum monasterium* ou *cænobium Romanis* est le monastère édifié par Saint Romain et son père Lupicin à Condat, puis Saint-Oyan, aujourd'hui Saint-Claude (Jura). (V. *Act. sanct. Ord. S. Bened.* Sœcul. II f° 529.)

(2) Cette dernière dénomination est regardée comme une simple annotation de copiste.

nommée *Romana*. Il en fit la dédicace le 2 octobre 837, à la tête de huit évêques, et y fit transporter les corps des martyrs Séverin, Exsupère et Félicien, qui gisaient abandonnés hors de la ville de Vienne. Barnard mourut, dans le monastère qu'il avait fondé, un dimanche, âgé de 64 ans et la 32e année de son épiscopat. Il fut inhumé le lendemain, 23 janvier, jour auquel on célèbre sa fête. La fondation de ce monastère fut approuvée par une bulle de l'empereur Lothaire, en date du 30 octobre 842, adressée à Agilmar, archevêque de Vienne.

Le lieu que Barnard avait choisi pour y fonder un monastère était sinon peuplé, du moins très-fréquenté. C'était l'endroit où, profitant de l'abaissement des rives de l'Isère, les voyageurs, presque tous marchands, qui suivaient la petite route de l'Allobrogie, franchissaient la rivière. Sur le sommet du coteau qui domine ce passage, on avait, suivant l'usage, érigé un petit temple probablement dédié à Mercure. Plus tard, à la place du monument païen, s'éleva une chapelle consacrée à Saint-Romain, laquelle, après plusieurs désastres attribués aux Maures, fut relevée de ses ruines et devint le centre d'une paroisse plus étendue que peuplée qui a subsisté jusqu'à la Révolution.

L'étymologie du nom d'une ville jette toujours une certaine lumière sur son origine. On trouve des traces de cette préoccupation dans les écrits concernant la ville de Romans.

Les bréviaires de Saint-Barnard et de St-Antoine portent que le nom de Romans vient de celui de la veuve Romana, propriétaire du sol sur lequel Barnard fit construire un monastère et une église. Un cartulaire de Vienne dit que ces édifices étaient d'une si grande beauté, qu'ils égalaient ceux des Romains, d'où vient, d'après cette hyperbole, le nom de Romans (1). Deux chartes du cartulaire de Saint-Barnard, du temps de Léger, archevêque de Vienne (XIe siècle), font dériver ce même nom de Romans de ce que cet établissement avait été mis, par son fondateur, sous la juridiction immédiate de Rome. A en croire le savant Bulet, cité par M. Dochier, Romans serait composé de deux mots celtiques : *Ross*, bruyère, et *man*, homme, c'est-à-dire habitant des bruyères. M.

(1) *Ob sublimitatem œdificii Romanis nomen tradidit* (Johannes Rossius). Les édifices qui sont parvenus jusqu'à nous, les vestiges qu'il nous a été donné encore de voir, ne nous permettent pas d'admettre ce que disent les anciens auteurs de la grandeur et de la magnificence des monuments, de la splendeurs des richesses de Romans dans les âges précédents *Œdificia ob pulchritudinem celebrantur. Templum admirandi operis, inter ea quœ divitiarum splendore celebrantur*, etc. N. Georgius Brunus, Lib. 3e *Theatri Urbium*.

Giraud se range à la version des bréviaires de Saint-Barnard et de Saint-Antoine, il pense que le monastère a pris le nom du propriétaire sur le terrain duquel il a été bâti, que ce nom n'est pas Romans, comme on l'a supposé jusqu'ici, mais *Rotman* (1), ainsi qu'on le trouve écrit dans les cartulaires de Saint-Hugues, de Grenoble, de Saint-Victor, de Marseille, de Saint-Barnard, et que ce n'est qu'au XIe siècle, lorsque des idées de liberté romaine, de juridiction immédiate de l'église de Rome se sont produites dans l'abbaye, qu'une modification a été apportée à ce nom, et Romans a été substitué à *Rotman* (2). Enfin, d'après quelques étymologistes modernes, le nom de la ville de Romans, *villa de Romanis*, est une transformation de celui de Saint-Romain, *Sancti Romani*, que portait la chapelle érigée sur le coteau dominant la nouvelle ville: transformation qui est arrivée dans beaucoup d'autres localités de France où, d'après les dictionnaires géographiques, neuf villages s'appellent *Romain*, quarante-huit *Saint-Romain*, deux *Roman*, dix *Saint-Romans* et enfin quatre *Romans*.

L'abbaye ne tarda pas à devenir un centre de population : de nombreux habitants vinrent se mettre sous la protection des moines. Mais comme la protection établissait alors des rapports de seigneur à vassal, c'est-à-dire avec tous les droits féodaux en usage, les Romanais furent les hommes de la paroisse, *homines parochiæ*.

Quoique le joug ecclésiastique fut bien moins pesant que celui des seigneurs féodaux, les Romanais, devenus plus nombreux, enrichis par le commerce, passionnés pour l'égalité civile, ne purent bientôt plus se contenter de ce qu'on appelait les *bonnes coutumes*, ce minimum des droits populaires au moyen âge. Ils se mirent en hostilités contre le chapitre et lui firent une guerre incessante avec des chances diverses. Ils revendiquèrent, même par la force, des droits plus étendus et plus certains, qui furent consignés dans des médiations, dont la première est à la date présumée de 1212. Peu satisfaits des interprétations de 1233 et de 1274, ils se révoltèrent en 1280, excités par le duc de Bourgogne *(per manum burgundiensem)* et, malheureusement, se livrèrent à des excès qui furent rudement châtiés par la sentence arbitrale du

(1) En tudesque : *Roth*, rouge, et *mann*, homme, c'est-à-dire homme aux cheveux rouges, qui était alors le type de plusieurs peuplades gauloises.

(2) Ptolémée en ses *Commentaires* sur Manethon, dit: *Rhomandissos in gallia blegica*. On lit sur une médaille de François Ier, frappée à Romans en 1533 : *Rhomandissorum*.

20 juillet 1282. Mais ils furent plus heureux avec l'autorité des Dauphins.

Les Dauphins avaient toujours vu avec un œil d'envie l'autonomie et l'indépendance de la ville de Romans, qui formait une sorte d'enclave au milieu de leurs domaines. Ils suscitèrent, autant qu'ils le purent, des différends avec le chapitre de Saint-Barnard. Guigues, Dauphin, s'unit aux seigneurs voisins, en 1092, pour s'opposer à la clôture de cette ville et, l'année suivante, il s'empara de vive force de Romans, la saccagea et même incendia l'église, parce que les habitants avaient pris le parti de l'archevêque de Vienne dans la querelle qu'il avait eue avec ce prélat; enfin, ce ne fut que grâce à la médiation d'Amédée de Genève, d'Artaud de Rochefort et d'autres seigneurs que, moyennant 1400 sols viennois, le Dauphin confirma aux chanoines tous les dons que son père avait faits à leur église, et leur accorda en outre la permission de clore leur ville.

De leur côté, les seigneurs voisins ne négligèrent pas de s'emparer, en proportion de leur puissance, des possessions de l'église de Saint-Barnard. Les barons de Clérieu possédèrent un moment presque toutes les terres autour de Romans et n'en restituèrent qu'une partie, après bien des transactions. Le seigneur de Peyrins suscitait à chaque instant des querelles au sujet des eaux des moulins et des propriétés que le chapitre possédait sur ce territoire. Il lui fallut, après bien des débats, payer à Raymond Béranger 2300 sols pour rentrer dans ses droits; enfin les Dauphins jouissaient dans Romans, on ne sait à quel titre, de certains droits utiles qu'ils faisaient exercer par un véhier: c'étaient des tributs sur les mariages des veuves et sur les écuelles de noces qui, du reste, étaient si minimes, qu'en 1318 il en fut fait grâce. Ces princes étaient aussi chanoines d'honneur de l'église de Saint-Barnard: titre que Guigues VIII, en 1323, et Humbert II, en 1338, se firent conférer solennellement. Cette immixion des Dauphins dans l'administration et le gouvernement de Romans, se termina par le siége et la reddition de cette ville, où Humbert II entra, le 14 février 1342. Le 27, il fit acte de souveraineté en accordant à ses nouveaux sujets une charte de liberté et en leur infligeant en même temps, pour réparer les offenses à sa personne et les frais de la guerre, une amende qui montait, en valeur intrinsèque, à environ 27 millions, et en valeur relative à plus de 150 millions; elle n'était pas sérieuse et ne fut jamais payée. Enfin, ensuite d'un traité dit de *pariage*, le pape Clément VI, le 31 juillet 1344, céda au Dauphin, en échange de la terre de

Visan, la moitié de la juridiction de Romans et 12,000 florins d'or pour la plus value. Attristé par la mort de son fils unique, découragé par les nombreuses charges qui pesaient sur ses sujets, le Dauphin résolut de céder ses états au roi de France, à la charge par ce prince de payer ses dettes. En conséquence, après plusieurs actes préliminaires et la promulgation du statut delphinal, à Romans, le 14 mars 1349, Humbert II, accompagné d'une foule de seigneurs, signa, le 30 du même mois, dans l'église de Saint-Barnard, l'acte définitif du transport du Dauphiné à la couronne de France. Le lendemain, le roi Philippe VI vint à Romans, où son fils Charles, le nouveau Dauphin, fixa sa résidence et reçut les hommages de la noblesse. La réunion du Dauphiné à la France acheva d'enlever à la ville de Romans son autonomie et son indépendance déjà fortement réduite par l'acte de pariage avec le Dauphin. Car, à partir de cette époque, humble satellite de la mère patrie, elle en a subi toutes les péripéties : mêlée à l'histoire générale de la France, elle a eu rarement l'occasion de s'en détacher et d'appeler l'attention.

Nous avons exposé plus haut que le Dauphin Humbert II avait accordé aux Romanais, en 1342, une vraie charte de liberté qui leur concédait ce qu'ils avaient le plus à cœur : la suppression du ban-vin et le droit d'élire les consuls. Mais ce même prince, à la veille de se démettre du pouvoir, révoqua cette charte par lettres du 12 avril 1348, signées au château de Beauvoir. Dans leur détresse, les habitants de Romans s'adressèrent à l'empereur Charles IV qui, par une bulle donnée à Prague, le 14 février 1366, et confirmée par le roi Charles V, à Paris, le 12 juin de la même année, leur rendit les anciennes libertés municipales. Cette nouvelle charte n'eut pas un meilleur sort que la précédente, elle fut cassée et annulée par un jugement rendu à Grenoble, le 13 mars 1375, sous la présidence du gouverneur de la province, Charles de Bouville. Enfin, des lettres patentes données à Peyrins, le 24 février 1450, par le dauphin Louis, accordèrent aux Romanais la faculté d'élire leurs consuls et de s'imposer pour des affaires communes. Cette même année, le chapitre fit hommage de son temporel au Dauphin.

Le chapitre ne se résignait pas volontiers à la diminution de son autorité. A l'aide de ses partisans, il suscita dans la ville une opposition qui partagea les habitants en deux partis et un commencement de guerre civile. Le parlement fut obligé d'interposer son autorité. Il envoya le conseiller Mulet en qualité de commissaire. Le 14 août 1542, il composa le conseil municipal de quatre consuls et de quarante conseillers et défendit à tous autres de s'immiscer dans l'administration. Pendant les guerres de religion, l'intervention du chapitre dans les affaires de la ville cessa momentanément. Le 23 mai 1562, il fut concédé qu'on admettrait dans le conseil municipal quatre conseillers de la religion réformée.

Après les troubles, le duc de Lesdiguières, gouverneur de la province, fit pour la ville de Romans un règlement qui fut approuvé par lettre patente du mois de mars 1623, ces statuts permettaient aux habitants d'élire, pour deux ans, le 25 mars, quatre consuls choisis, un dans chaque classe de citoyens; le conseil général comprenait quarante membres. Il était présidé par le juge royal assisté du procureur fiscal et du courrier pour faire exécuter les ordres. Enfin, d'après un règlement de 1739, l'administration municipale fut composée de quatre consuls et de sept conseillers choisis dans les deux premières classes. En 1722, les fonctions de maire avaient été érigées en office. Il y eût à Romans un maire pour la part du chapitre et un autre maire pour la part de la ville, exerçant alternativement leurs fonctions.

Après la réunion du Dauphiné à la France, la population romanaise, protégée par la royauté, n'eût plus désormais à soutenir contre le chapitre, alors bien déchu de sa puissance, des luttes où les libertés de la ville étaient en jeu; à peine, de temps à autres, quelques procès d'intérêt secondaire venait réveiller le vieil esprit d'opposition consulaire. Dès lors, les Romanais concentrèrent leur activité dans le commerce et l'industrie, principalement la draperie et la tannerie qui les enrichissaient. En même temps, ils tinrent à honneur de se montrer dignes de leur nouvelle patrie en la secourant dans les guerres qu'elle soutenait contre l'étranger. Ainsi, Jean Odoard guerroya contre les Anglais avec des gendarmes entretenus à ses dépens, en 1436; et pendant les expéditions des Français en Italie, sous Charles VIII, Louis XII et François Ier, Romans fournit bon nombre de volontaires qui se distinguèrent, sinon par leur discipline, du moins par leur bravoure. Mais, malheureusement, cette ville eut à son tour à éprouver toutes les calamités de la guerre civile. Pendant la seconde moitié du XVIe siècle, elle fut occupée et pressurée par les troupes royales et les bandes calvinistes. Ces dernières se livrèrent à tous les excès qu'on peut attendre d'une soldatesque sans frein: les habitants rançonnés, les établissements publics, les hôpitaux, les couvents, les églises pillés, saccagés, incendiés. Au milieu de toutes ces horreurs, la famine exténuait la population et la peste lès exterminait. Les Romanais eurent encore la force et le patriotisme de déjouer la conspiration du baron de la Roche et de conserver à Henri IV leur ville et leur citadelle, qu'un gouverneur, traître et félon, s'était engagé à livrer au duc de Savoie.

Instruits par la rude leçon qu'ils avaient reçue, pour la part qu'ils avaient prise, en 1580, à l'espèce de Jacquerie connue sous le nom de *Ligue*, les Romanais eurent le bon sens de rester complétement étrangers aux troubles qui agitèrent la France pendant la minorité de Louis XIII et celle de Louis XIV. Ils continuèrent à se livrer paisiblement à leurs occupations laborieuses et lucratives. Ils étaient dans cet heureux état de paix et de prospérité, lorsque des événements préparés de longue main vinrent surexciter, comme partout, des désirs impatients et immodérés de réforme, à la suite de quelques meneurs d'autant plus entraînants qu'ils étaient haut placés et habiles (1). Ils accueillirent avec enthousiasme les nouvelles, venues de Grenoble et de Vizille. Cette vive adhésion, inspirant confiance aux novateurs, mérita à Romans l'honneur d'être choisi pour siége des assemblées politiques de la province.

Après une interruption de 160 ans, les états généraux du Dauphiné s'assemblèrent à Romans, dans l'église du couvent des Cordeliers, le 10 septembre 1788, sous la présidence de Mgr Le Franc de Pompignan, archevêque de Vienne. La session dura vingt-deux jours. Ils se réunirent de nouveau le 1er décembre jusqu'au 16 janvier suivant. L'assemblée se composait de 24 membres du clergé, 48 de la noblesse et 72 du Tiers état, auxquels on adjoignit 144 électeurs pour la nomination des députés de la province aux états généraux du royaume. Le bureau fit rembourser à la ville 5620 livres pour les frais faits à cette occasion.

Le commencement de la Révolution ou la période de généreuse illusion se passa, comme à peu près partout ailleurs, en de fréquentes élections, de nombreuses prestations de serment, de revues de gardes nationales avec accompagnement de musique, de chants, de discours, etc. La seconde période fut plus sombre. C'est alors qu'eurent lieu l'expulsion des religieux et des religieuses de leurs couvents, la vente des biens nationaux, les réqui-

(1) L'alarme survenue le 28 juillet 1789, à Romans, et connue sous le nom de l'*Arrivée des Brigands*, montra jusqu'à quel point peut atteindre la crédulité publique. Voir à ce sujet le *Procès-verbal* de *l'alarme donnée dans la ville de Romans, le 28 juillet 1789*, in-8° 15 pp. par M. J.-B. Dochier.

sitions, les visites domiciliaires, l'abolition du culte, l'incarcération des suspects, etc., etc. Enfin, un club démocratico-républicain tint ses séances orageuses dans l'ancienne chapelle des pénitents. Mais, grâce à l'influence de quelques honorables habitants et surtout aux sentiments modérés de la population romanaise, pure alors de tout élément étranger, les membres de ce club entendirent plus de discours amphatiques que de motions incendiaires, virent plus couler d'encre que de sang. En effet, aucun romanais ne fut victime de la Terreur, et même les quelques suspects incarcérés dans l'abbaye de Saint-Just, ne tardèrent pas à être mis en liberté par ordre du Conventionnel Jean Debry, alors en mission dans la région. Enfin, pour en finir avec ces temps malheureux, ajoutons que la partie la plus paisible et la plus inoffensive de la population fut plus inquiétée et tracassée sous le Directoire qu'elle ne l'avait été pendant le règne de la Terreur. Durant le premier empire le calme fut complet. Les Romanais ne sortirent guère de leur vie paisible que pour assister à des *Te Deum* de victoire et tirer à la cible. Malheureusement cette situation se termina, le 2 avril 1814, par la prise de la ville par une division autrichienne, à la suite d'un combat meurtrier. Malgré la modération relative des vainqueurs, les dégats et les dépenses causés par une occupation de trois semaines, s'élevèrent à la somme de 553,920 francs.

Nous croyons devoir terminer ici ces notes sur Romans, car le chapitre a consacrer à l'histoire contemporaine de cette ville aura nécessairement pour épigraphe ces mots peu encourageants : *Incedo per ignes.*

ENTRÉES
PASSAGES & SÉJOURS A ROMANS
De Personnages Historiques

842, 22 janvier. — Barnard, archevêque de Vienne, meurt dans l'abbaye qu'il avait fondée.

930. — Sobon, archevêque de Vienne, à la tête des seigneurs des environs de Romans, dévaste l'abbaye, incendie l'église et disperse les moines.

1037, 2 octobre. — Léger, archevêque de Vienne, préside une assemblée du clergé et des principaux seigneurs de la contrée.

1095. — Le pape Urbain II se rend à Romans pour y juger le différend qui existait entre Guy, archevêque de Vienne, et Hugues, évêque de Grenoble, au sujet du comté de Salmorenc.

1096. — Le prince Guillaume (de Provence) préside une assemblée des grands de la contrée.

1120, 13-17 février. — Le pape Calixte II séjourne à Romans où il tient une assemblée composée de grands et de prélats.

1134. — Hugues d'Amiens, archevêque de Rouen, légat du Saint-Siége, se rend à Romans. Il somme le Dauphin Guigues de comparaître devant une assemblée d'évêques et de seigneurs.

1178. — Robert, archevêque de Vienne, légat du Saint-Siége, préside une convention entre les chanoines et les hospitaliers de Saint-Paul.]

1196, 29 octobre. — Aynard, archevêque de Vienne, préside une assemblée.

1213, novembre. — Eudes de Bourgogne, Simon de Montfort, les archevêques de Vienne et de Lyon viennent conférer à Romans.

1219, 27 août. — Jean de Bernin, archevêque de Vienne, donne un mandement dans le réfectoire de l'abbaye de Saint-Barnard.

1239, 16 février. — Bérard, vicaire de Saint-Empire, adresse à la comtesse d'Albon et à son fils Guigues des lettres de Frédéric II.

1246, 12 novembre. — La comtesse d'Albon et Guigues, Dauphin, viennent confirmer au chapitre ses possessions dans le mandement de Peyrins.

1250. — Jean de Bernin, archevêque de Vienne, tient une cour de Justice.

1323, 23 novembre. — Guigues VIII, Dauphin, prête hommage au sacristain de Saint-Barnard pour le château de Pisançon.

1338, 29 avril. — Humbert II, Dauphin, prête le même hommage.

1342, 7 septembre. — Le cardinal Bernard, commissaire pour le pape, cite devant lui les habitants de Romans.

1343, 21 février. — Le Dauphin entre en vainqueur à Romans, où il séjourne.

1345, 22 septembre. — Henri de Villars, archevêque de Lyon, régent du Dauphiné, établit son administration à Romans.

1347, 8 février. — Isarde des Baux, parente de la Dauphine, est brûlée vive, pour avoir assassiné son mari, Ponce de Malvoisin.

1348, 12 novembre. — Le Dauphin habite Romans jusqu'au 20 mars suivant.

1349, 12 janvier. — Le duc de Bourbon se rend à Romans. au sujet du projet de mariage de sa fille Jeanne avec le Dauphin.

1349, 31 mars. — Philippe VI, roi de France, vient à Romans prendre possession du Dauphiné.

1349, 16 août. — Le nouveau Dauphin, Charles, fils du roi de France, fixe sa résidence dans le couvent des Cordeliers.

1349, 21 août. — Henri de Villars, archevêque de Lyon, publia, dans l'église de Saint-Barnard, les dispenses de mariage accordées par le pape entre le nouveau Dauphin et la princesse Jeanne.

1349, 12 septembre. — Le Dauphin, tombé malade, se fait transporter au château de Pisançon.

1350, 2 mai. — Le Dauphin tient une assemblée composée du duc de Bourbon, de l'archevêque de Vienne, de l'évêque de Grenoble et d'autres grands personnages.

1350, 15 mai. — La veille de la Pentecôte, le Dauphin et sa jeune femme quittent Romans et se rendent au château de Peyrins, d'où ils reviennent, le 22, pour recevoir l'hommage d'Amédée de Poitiers.

1357, 27 février. — Bernard, évêque de Ferrare, délégué du pape, pose solennellement la première pierre de la porte de Saint-Nicolas, de la seconde enceinte.

1357, 22 octobre. — Le Dauphin Charles, signe, à Romans; plusieurs priviléges.

1359, 8 octobre. — Guillaume de Vergy, gouverneur du Dauphiné, prononce une sentence arbitrale.

1361, 5 juin. — Le même gouverneur meurt à Romans, il est inhumé, aux frais de la ville, dans l'église du couvent des Cordeliers.

1363, 20 août. — Le roi de France, Charles V, séjourne à Romans.

1365, mai. — L'empereur Charles IV s'arrête à Romans, se rendant à Avignon pour conférer avec le pape.

1366, 24 février. — Le grand-maître d'hôtel de l'empereur reçoit l'hospitalité et divers cadeaux.

1367, octobre. — Le cardinal de Thérouanne passe à Romans. On lui offre des vins d'honneur et d'autres présents.

1367, mai. — Jacques de Vienne, seigneur de Longwy, gouverneur du Dauphiné, est reçu par la ville, qui lui offre divers présents, ainsi qu'à Louis de Villars, administrateur de l'église de Vienne, qui l'accompagne.

1370, 6 avril. — Le roi Charles V est à Romans.

1372, 10 décembre. — Charles de Bouville, gouverneur du Dauphiné, poursuit les habitants de Romans en paiement de diverses créances.

1372, 1er mai. — Le roi de France, Charles V, est à Romans.

1375, 8 janvier. — Le duc de Bourgogne, assisté du gouverneur de la province, préside les états du Dauphiné.

1380, 20 mai. — Le même, préside les mêmes états.

1389, 23 et 24 octobre. — Le roi de France Charles VI séjourne à Romans.

1400, 2 décembre. — Geoffroy Le Meingre de Boucicault, gouverneur du Dauphiné, préside les Etats de la province.

1436, 28 janvier. — Le roi Charles VII préside les mêmes Etats.

1446, 4 février. — Le Dauphin depuis Louis XI convoque à Romans les Etats du pays. Il fait dans cette ville de fréquents séjours jusqu'au 22 septembre 1456.

1464, 20 octobre. — Le roi Louis XI est à Romans.

1479, 20 mai. — Le duc de Savoie, Philibert le Chasseur, arrive à Romans où il séjourne jusqu'au 13 juillet.

1488, 11 novembre. — Le roi Charles VIII vient à Romans où il signe des lettres en faveur des consuls de Grenoble.

1511, 27 juin. — Le roi Louis XII et la reine, sa femme, accompagnés des ducs d'Angoulême, de Lorraine, de Vendôme et de la Tremouille, des cardinaux de Saint-Séverin, de Prie, de Ferrare et du chancelier de France, arrivent de Grenoble par bateaux sur l'Isère. Ils repartent pour Valence par la même voie.

1533, 20-22 novembre. — Arrivée et séjour du roi François Ier, du Dauphin et d'une suite nombreuse. La réception fut brillante et le souvenir en fut conservé par une médaille.

1533, 23 novembre. — Arrivée de la duchesse d'Urbin, femme du duc d'Orléans, avec deux filles du roi et d'autres dames de la Cour.

1533, 28 novembre. — Le gouverneur du Dauphiné, Antoine de Bourbon, comte de Saint-Pol, préside à Romans les Etats de la province.

1563, 1er janvier. — Le baron des Adrets convoque à Romans une assemblée à laquelle il veut faire accepter la paix.

1563, 10 janvier. — Il est arrêté par Montbrun et Mouvans, chefs des protestants.

1564, 20 janvier. — MM. de La Magdeleine et de Roquemaure, conseillers du roi, se rendent à Romans pour la pacification des guerres de religion.

1564, 16 août. — Le roi Charles IX, accompagné d'une suite nombreuse, est à Romans; il y revient le 21 et repart le lendemain.

1566, 25 décembre. — Le président du parlement Truchon vient à Romans dans le but de pacifier les esprits.

1574, 12 mai. — Arrivée de Charles de Bourbon, prince de La Roche-Sur-Yon, gouverneur du Dauphiné.

1575, 15 janvier. — Le roi Henri III, accompagné du duc d'Alençon, son frère, du roi de Navarre et du chancelier de Biragues, préside les Etats du Dauphiné, réunis à Romans.

1578, 13 novembre. — Laurent de Maugiron, lieutenant-général en Dauphiné, communique à une assemblée les complots des protestants.

1579, 19 et 20 juillet. — La reine Catherine de Médicis, accompagnée du cardinal de Bourbon, du duc de Mayenne, du maréchal d'Anville, demeure deux jours à Romans où elle s'efforce à désarmer les rebelles des *Ligues*.

1585, octobre. — De Maugiron et le Conseil du roi s'établissent à Romans.

1580, 10 mars. — Une commission du parlement siége à Romans en cour criminelle jusqu'au 24 avril pour juger les conspirateurs des ligues.

1587, 21 janvier. — La Valette réunit les Etats du Dauphiné à Romans; il demande une taille de six écus par feu pour ravitailler son armée.

1589, 23 septembre. — Lesdiguières, lieutenant-général en Dauphiné est à Romans.

1589, 25 octobre. — Henri IV établit à Romans le parlement, la cour des comptes, le bureau des finances, le baillage de Graisivaudan et la Monnaie.

1592, 24 octobre. — Alphonse d'Ornano, lieutenant-général en Dauphiné, et Rabot d'Illins, premier président du parlement, tiennent à Romans les Etats de la province.

1599, 25 octobre.— Le duc de Lesdiguières, lieutenant-général en Dauphiné, Ennemond Rabot, premier président du parlement de Grenoble, et Meret de Vit, premier président du parlement de Toulouse, publient à Romans l'édit de Nantes.

1607. 15 mai. — L'assemblée des Etats du Dauphiné se tient à Romans.

1623, 19 mai. — Le prince Louis de Bourbon, comte de Soissons, gouverneur du Dauphiné, se trouve à Romans, il y revient le 2 mai 1629.

1645, 27 janvier. — L'intendant Yvon de Lozière renouvelle le conseil politique de la ville.

1701, 10 avril. — Les ducs de Bourgogne et de Berry, petits-fils de Louis XIV, arrivent à Romans. Ils sont reçus avec les plus grands honneurs et descendent à l'*hôtel des Allées* chez l'abbé de Lesseins, sacristain du chapitre de Saint-Barnard et gouverneur de la ville.

1788, 10 septembre. — Réunion à Romans, des États généraux de la province. Ils s'assemblent de nouveau le 1er décembre pour nommer des députés.

1793, 28 septembre. — Joseph Boisset, représentant du peuple, en mission, vient à Romans où il préside le conseil municipal.

1795, 3 janvier. — Jean Debry, représentant du peuple en mission, fait mettre en liberté plusieurs detenus politiques.

1797, 2 juillet. — Mustapha Pacha, ambassadeur de la Porte Ottomane, traverse la ville et reçoit tous les honneurs dus à son rang.

1799, 13 juillet. — Le pape Pie VI, passe la nuit à Romans, rue de la Saunerie, 11, et repart le lendemain pour Valence

1803, 18 août. — Mgr Bécherel, nouvellement nommé évêque de Valence, fait son entrée solennelle à Romans, entouré de tous les fonctionnaires de la ville.

1809, 2 août. — Le pape Pie VII traverse Romans, se rendant de Grenoble à Savone.

1812, 30 mai. — Charles IV, ex-roi d'Espagne, traverse Romans, allant de Marseille à Rome.

1814, 15 avril. — Le prince de Hesse Hombourg, commandant une division de l'armée Autrichienne, vient à Romans.

1814, 17 octobre. — Le comte d'Artois, frère du roi Louis XVIII, arrive à Romans.

1816, juillet. — Le duc d'Angoulême s'arrête quelques heures à Romans, à l'hôtel des Allées.

1829, 3 novembre. — Le roi et la reine de Naples et leur fille, Marie Christine future reine d'Espagne, passent à Romans.

1832, 1er juin. — Le duc d'Orléans, fils aîné de Louis Philippe, roi des Français, s'arrête quelques heures à l'hôtel de ville.

1852, 23 septembre. — Le Président de la République traverse Romans.

PRINCIPAUX ÉDIFICES & ÉTABLISSEMENTS

De Romans

Abbaye et église de Saint-Barnard. — Les constructions primitives de l'abbaye rapidement édifiées, plusieurs fois relevées de leurs ruines, ne devaient être ni bien considérables ni bien monumentales. Ainsi après le grand incendie du 9 mai 1049, l'archevêque de Vienne Léger ordonna de reconstruire les bâtiments ruinés, plus deux cloîtres, l'un joignant l'église et l'autre vers les maisons qui étaient près de l'ancien Vivier, à condition que le tout et le mur d'enceinte seraient bâtis à chaux et à sable. Le premier de ces cloîtres et le peu qui restait de l'ancienne abbaye ont été rasés en 1856. pour l'établissement des quais.

L'église primitive, du moins celle du XIe siècle, était formée par la nef actuelle et se terminait par une abside qui s'arrondissait vers le milieu du transept de l'édifice moderne. Elle avait 12 mètres d'élévation, 11 mètres de largeur et 44 de longueur ; elle était lambrissée comme le témoigne la minimité des contreforts. Les fenêtres étaient petites, arrondies, de forme romane. La grande porte d'entrée, à plein cintre, décorée de dix colonnes engagées, était précédée d'un porche. Plusieurs chapelles étaient attenantes à l'église et le cimetière occupait tout le terrain qui entourait ces bâtiments. Enfin les maisons des chanoines s'élevaient à l'ouest et au nord de la grande place actuelle.

L'archevêque Jean de Bernin, qui résidait souvent à Romans où il tenait sa cour, fit édifier vers le milieu du XIIIe siècle, le chœur et le transept. La nef ne fut exhaussée que beaucoup plus tard, et même les voûtes, ruinées, il est vrai pendant les guerres de religion (en 1562), n'ont été terminées qu'au commencement du XVIIIe siècle.

Par ce qui précède, on voit que l'église de Saint-Barnard est formée de deux architectures d'âge et de style différents. Jusqu'à 12 mètres de hauteur, les murs latéraux de la nef et celui de la façade sont les restes de l'édifice primitif et appartiennent à l'ordre roman ; les parties les plus récentes sont du pur gothique. Ce remarquable édifice, en forme de croix latine et dont le chœur polygonal fait l'admiration des connaisseurs, a une longueur totale de 65 mètres, une largeur de 38 entre les extrémités de la croisée et une hauteur de 27 mètres 1/2. Le clocher a 36 mètres d'élévation.

Eglise de Saint-Nicolas. — C'était au XIIIe siècle une chapelle pour les mariniers, puis elle devint paroissiale. Très-gravement endommagée pendant les guerres de religion, elle a été réparée. Vendue comme bien national en 1794, elle a été rendue au culte et donnée à la ville. Enfin elle est redevenue le siége d'une paroisse en 1838.

Eglise de Saint-Romain. — Située sur le côteau de Chapelier, elle était peut-être plus ancienne que la ville. Elle a toujours été, jusqu'en 1790, le siége d'une paroisse presque rurale. Ruinée par les Calvinistes, incomplétement réparée, elle a été rasée au commencement de la révolution. Son emplacement est compris dans le clos de l'hôpital.

Hôpital de Sainte-Foy. — Sa fondation remontait au XIe siècle. Il occupait tous les bâtiments de la rue de Jacquemart. Les salles des malades, du côté occidental, avaient été reconstruites au siècle dernier. Du côté opposé se trouvaient les communs, le cimetière aujourd'hui le marché aux bœufs, la chapelle sur l'emplacement de laquelle on avait construit une prison, changée maintenant en une école de filles. Cet hôpital a été supprimé en 1811.

Hôpital de N.-D. de Pailherey. — Il avait été fondé par Didier de Villars, dit Rebatte, en 1421. Il servit pour les pestiférés, pour les pauvres et les pélerins, enfin pour les écoles grammaticales. Ses biens ont été réunis en 1626 à l'hôpital de la Charité et sur son emplacement on a construit une caserne en 1727.

Hôpital des Jacinières. — Il consistait en un petit bâtiment construit en aval de la première pile du pont sur l'Isère; il était destiné à recevoir des femmes en couche; vendu par le district en 1791, il a été démoli ainsi que la chapelle de Notre-Dame qui lui faisait face, en 1856, lors de la réfection du pont.

Hôpital général. — Autorisé par lettres patentes de mars 1736, il fut destiné à enfermer les pauvres et les infirmes de l'un et l'autre sexe. Il a été supprimé en 1831 et remplacé par une caserne.

Hôpital de la Charité. — Le vaste emplacement qu'il occupe, a été acquis par acte du 10 janvier 1642, de Barthélemy Charles Quentin, par les consuls des deniers de Melchior de Gillier, premier maître d'hôtel du roi. Très-généreusement doté par Hélène Tardy, veuve Deloulle, cet établissement a été desservi jusqu'en 1790, par les Frères de la Charité. Il réunit aujourd'hui tous les services de l'assistance publique. Il possède 240 lits.

Séminaire des filles orphelines. — Cette maison avait été fondée en 1639, par quelques dames charitables pour recevoir douze filles orphelines. Elle a été vendue en 1744 et le personnel qu'elle abritait ainsi que les biens qu'elle possédait furent réunis à l'hôpital général.

Hôtel de Ville. — Vers le milieu de la rue de l'Armillerie, un portail du XVIIe siècle, surmonté d'un haut entablement et orné de deux écussons veufs de leurs armoiries, annonce un établissement public. C'est l'ancien hôtel-de-ville légué en 1374 par Perrot de Verdun. Vendu en 1790, il a successivement servi de théâtre, d'habitation bourgeoise et de logement à une brigade de gendarmerie à pied.

Couvent des Cordetiers. — Établi sur un vaste emplacement donné, en 1252, par Aymar et Guillaume de Poitiers, seigneurs de Saint-Vallier, ce couvent a subsisté jusqu'à la suppression des ordres religieux. Acheté par la Ville en 1790, au prix de 20,000 livres, il a fourni le local pour des promenades, un théâtre, un hôtel-de-ville, un collége et un tribunal. L'église, qui était un monument remarquable, a été démolie en 1802.

Couvent des Récollets. — Il a été fondé à l'ouest de la Ville, en 1517, par Romenet Boffin. Après de nombreuses vicissitudes, il a été vendu en 1790, et acheté par des Chartreux de Bouvantes qui y ont passé en paix les jours orageux de la révolution. En 1817, l'hôpital en a hérité et l'a ensuite vendu, avec réserve, au diocèse pour y établir un grand séminaire.

Abbaye de Saint-Just. — Elle fut transférée en 1600, de Saint-Just-en-Royans à Romans, dans une vaste habitation appelée *Beauséjour*. Devenue bien national, cette abbaye fut donnée à la Ville, en 1793, par deux décrets de la Convention nationale. Enfin elle a été concédée à la communauté du Saint-Sacrement pour y établir des écoles de filles, par un décret de 1804, et une ordonnance de 1817.

Couveut de Sainte-Ursule. — Jeanne et Angèle Michel jetèrent les fondements de ce couvent en 1610, et le consacrèrent à l'instruction des filles pauvres. Supprimé en 1791, ses maisons furent vendues et son jardin converti en place publique.

Couvent des Capucins. — Il fut établi, en 1609, sur l'emplacement qu'avait occupé, sur le plateau de Chapelier, une citadelle, qui n'avait existé que de 1587 à 1597. Devenu bien national, ce couvent a été vendu en 1794, à divers particuliers. Tous les bâtiments subsistent encore, sauf l'église qui a été immédiatement démolie après la vente par l'un des acquéreurs.

Couvent de Sainte-Claire. — Fondé en 1620, par Anne Glenat et Louise de Costaing, il subsista au quartier de la Prêle jusqu'à la Révolution. La communauté se reconstitua, en 1805, et habita une grande maison dans la rue du Fuseau. En 1834, elle acheta l'hôtel des Allées où elle réside encore.

Couvent de la Visitation. — Il a été fondé en 1632, sur la demande du marquis de Claveyson, gouverneur de Romans, et par la munificence de François de Gaste, qui fit don d'une vaste habitation, dite la *maison du recteur*. Sans emploi pendant la Révolution, ce monastère fut rendu par un décret de 1804, aux dames de la Visitation.

Couvent de Sainte-Marthe. — Cette congrégation fondée en 1813, par Mlle Edwige du Vivier, habita d'abord l'ancien *Refuge* au quartier de la Pavigne. Elle vint, en 1817, occuper une grande partie des bâtiments de l'ancien hôpital de Sainte-Foy. Agrandi par plusieurs acquisitions, ce couvent contient une nombreuse communauté, un pensionnat et des écoles gratuites.

Horloge de Jacquemart. — Ce haut monument placé dans une tour de la première enceinte, date de 1425, et a été établi par Pierre Cudrifin, artiste de Fribourg. Il contient trois cloches, deux petites forts anciennes et une plus grosse fondue en 1585. L'automate a été plusieurs fois renouvelé et a souvent changé de costume.

Hôtel des Allées. — C'était une vaste et magnifique habitation située presqu'au centre de la Ville, qui avait appartenu successivement aux familles de Claveyson, de Lionne, du Vivier, de Montéleger. La communauté de Sainte-Claire qui l'a acquise en 1834, en a retrocédé à la Ville, l'allée des marronniers pour agrandir la promenade publique.

Théâtre. — Le 9 février 1818, le Conseil municipal concéda à une société d'actionnaires une superficie de 1200 mètres de terrain, à prendre sur la promenade des Cordeliers pour y construire une salle de spectacle. Celle-ci s'élève sur l'emplacement qu'occupait le jardin des Cordeliers.

Maisons du XIIIe siècle. — Les amateurs d'archéologie peuvent contempler deux constructions datant de cette époque, l'une dans la rue du Fuseau et l'autre dans la rue du Mouton.

Maison de l'école communale congréganiste. — En 1778, l'intendant envoya en résidence à Romans une brigade de cinq cavaliers de la maréchaussée, qui fut logée dans la maison de M. Courtin. Au commencement de la Révolution, la gendarmerie, renforcée de cinq cavaliers du 14e régiment, ayant été casernée dans une partie des bâtiments de l'ex-abbaye de Saint-Just, la maison Courtin fut convertie en une loge maçonnique; plus tard elle devint une habitation particulière. En 1866, elle fut achetée par la Ville pour y établir une école et le logement des Frères de la doctrine chrétienne.

Maison de l'école communale des filles. — En 1825, la Ville avec le concours du département fit construire une prison sur l'emplacement du cimetière de l'hôpital de Sainte-Foy. L'existence d'une prison à Romans ayant été supprimée, celle-ci a été remplacée par une école laïque de filles, dont la façade peu gracieuse rappelle le souvenir de la première destination de l'édifice.

Enceintes de la Ville. — Les premiers remparts destinés à défendre la Ville contre d'ambitieux voisins furent construits, après beaucoup d'opposition de la part de ces derniers, de 1130 à 1164. Ils avaient environ 800 mètres de développement. La seconde enceinte beaucoup plus étendue, environ 1800 mètres, a été commencée en 1357. Elle avait six portes, vingt-deux tours et deux brèches. Sa démolition commença en 1831. Il en reste encore une tour et plusieurs parties de murs à l'est et à l'ouest de la Ville.

Pont sur l'Isère. — Il est formé de quatre arches. Sa longueur est de 128 mètres et sa largeur, y compris les trottoirs, de 9 mètres. Il date de temps immémorial. Il a été renversé plusieurs fois par les crues de l'Isère, la dernière en 1651. Il a été reconstruit en 1717 aux frais de la province et avec le concours de la Ville. Miné et coupé en 1814, rétabli en 1818, il a été entièrement restauré et élargi en 1856.

Pont sur la Savasse. — Le pont actuel sur le torrent de la Savasse et destiné à être bientôt reconstruit, date de 1424. Il fut bâti aux frais des voisins et avec l'aide de la ville. Il est très-élevé, à plein cintre et fort étroit. Il a porté successivement les noms de pont de Chapelier, de Malet et des Orphelines.

Quais de l'Isère. — Les quais sur la rive droite de l'Isère, c'est-à-dire du côté de Romans ont été élevés en 1860, après la réfection du pont. Ils ont environ 800 mètres de longueur et ont coûté 300,000 francs, dont deux tiers aux frais de l'Etat et un tiers aux dépens de la Ville.

Poids des Farines. — La maison du poids des farines, construite par la Ville en 1546, et vendue en 1791, existe encore. Comme son nom l'indique, on y pesait les blés qui allaient aux moulins et les farines qui en revenaient. Cette mesure de précaution n'a cessé qu'en 1841.

Calvaire. — A l'imitation de ce qu'il avait vu à Fribourg, Romanet Boffin, riche et pieux marchand de Romans, fit élever, en 1515, à l'ouest de la Ville, un calvaire, le premier qui ait été érigé en France. Cet édifice de piété plusieurs fois saccagé, ruiné, incendié, s'est toujours relevé. Il est encore aujourd'hui en parfait état d'entretien et continue à être le but de nombreux pélerinages.

Stations de la Passion. — Deux religieux revenant de la Terre-Sainte, trouvèrent que le site de Romans ressemblait beaucoup à celui de Jérusalem. Sur leur indication, Romanet Boffin fit ériger trente-quatre chapelles ou stations ornées chacune d'un tableau rappelant une scène de la Passion. Ces édicules ont été à diverses reprises ruinés, mais ils ont toujours été réparé, et sont de nos jours entretenus avec soin.

Promenade du Champ-de-Mars. — Elle a été formée, en 1793, dans le clos du couvent des Cordeliers en nivelant le coteau qui était couvert de vignes.

Casernes. — La caserne du quartier de Saint-Nicolas a été construite en 1727, aux frais de la Ville sur l'emplacement de l'hôpital de Paillerey et de plusieurs maisons.

La caserne du quartier de la Prêle a été formée avec les bâtiments de l'hôpital général, en 1831.

Ces deux établissements militaires sont situés sur le bord de l'Isère et peuvent loger environ 1100 hommes.

Abattoir. — L'édifice monumental que l'on termine en ce moment et qui ressemble à une forteresse destinée à défendre le cours de l'Isère, occupe un terrain autrefois couvert de maisons, d'usines et jardins qui appartenait, au XIVe siècle, à l'Abbaye de Vernaison et avait été donné, en 1775, à l'hôpital général par M. Faure, contrôleur général des Gabelles. Il a été cédé à la Ville, par deux ventes, en 1831 et en 1877.

Vienne, imp. Savigné. — 1880.